Bli kjent med Gud Vår Skaper

En barnebok som introduserer Gud

av THE SINCERE SEEKER **KIDS** COLLECTION

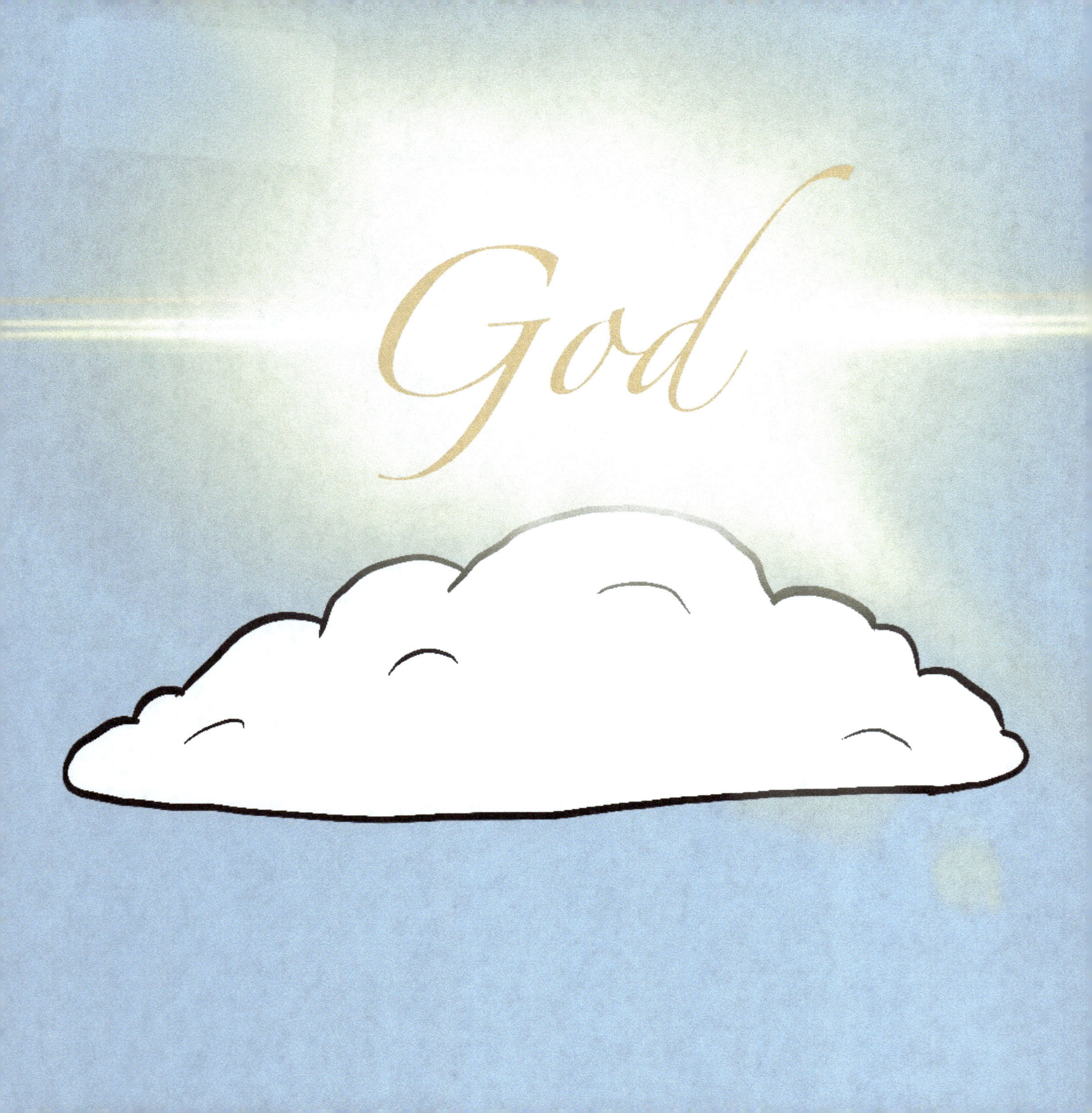
God

Gud er bare én.
Gud er vår Skaper.
Gud kontrollerer og tar vare på deg og jeg og familiene våre og alt annet også.
Gud gir oss mat og en koselig varm seng der vi er trygge.
Gud er langt opp over himmelen.

Gud skapte **store** planeter og små planeter.
Gud skapte jorden for oss å leve på.
Gud skapte skinnende lyse stjerner for å gi oss lys.
Gud skapte hele universet.

Gud skapte MYKE GRÅ SKYER.
Gud bringer ned regn til jorden for å mate den og rense den.
Gud får vinden til å blåse i forskjellige retninger.
Gud får solen til å skinne lyst.

Gud Skapte kaldt vann og varmt vann også.
Gud skapte NYDELIGE blå elver.
Gud skapte de STORE BØLGETE HAVENE.
Gud skapte det dype mørke havet.
Gud får *bølgene* til å b e v e g e seg.

Gud skapte **høye** steinete fjell.
Gud skapte lave snødekte fjell.

Gud skapte banantrær og appelsintrær
som vi kunne spise fra.
Gud skapte vakre luktende blomster av
forskjellige typer og farger som vi kan nyte.

Gud skapte lykkelige familier for å tilbringe tid sammen.
Gud skapte kjærlige foreldre for å ta vare på oss og
elske oss og for at vi skal være gode mot dem.
Gud skapte morsomme brødre og søstre for å ta vare
på deg og for at du skulle passe på dem.

Gud skapte **store** dyr som de afrikanske elefantene
Og brune bjørner og
Grønne alligatorer med skarpe *TENNER*.

Gud skapte små dyr som
Den lille marihønen og den summende homlen. Gud skapte
hoppende gresshopper,
bittesmå maur, og f l y g e n d e øyenstikkere.

Gud skapte næringsrik mat FOR Å HJELPE KROPPEN VÅR TIL Å BLI SUNN OG STERK. GUD laget smakfulle drinker for når du er tørst. Gud skapte lilla druer, deilig ferskt brød, gul ost, saftig kylling og deilige røde epler.

Gud gir folk Livet i gave og gir dem mange ting også.
Gud ga oss et komfortabelt hjem å leve i,
en bil å kjøre, våre favoritt leketøy å leke med,
begge våre hender for å gjøre ting og begge våre føtter for å gå,
våre øyne for å se, våre ører å høre, og våre
munner for å spise og snakke.

Gud ser og vet alt som skjer.
Gud hører alt som blir sagt.

Gud er **veldig** kjærlig.
Gud elsker oss **veldig** høyt.
Gud bryr seg **veldig** mye om oss.
Vi burde elske ham også.

Alt godt er fra Gud
Gud er himmelens og jordens lys.
Gud setter lys i folks hjerte.

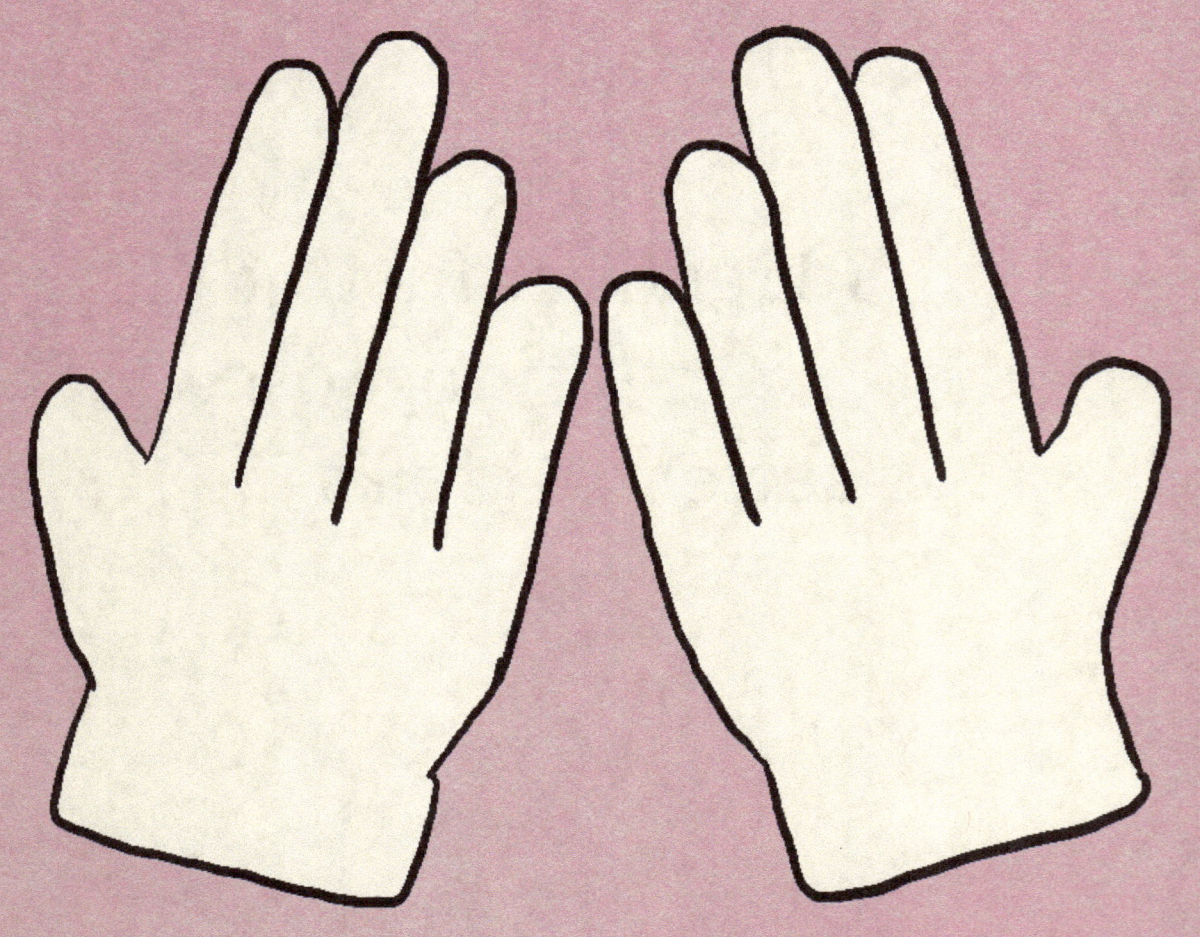

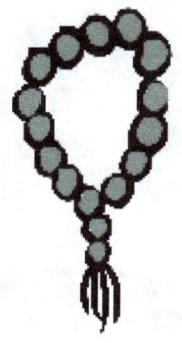

Vi ber til Gud fordi GUD skapte oss og elsker oss.
Og vi elsker GUD også.
Gud besvarer våre dua-bønner når vi spør ham.
Vi bør alltid snakke med Gud.

GUD vil gi gode mennesker et l y k k e l i g
Paradis hvor de vil få hva de ønsker seg og leve
LYKKELIG ALLE SINE DAGER.

SLUTT.